DISCOURS

PRONONCÉS

A la distribution des Prix du Concours agricole

DU

CANTON DE SABLÉ

Par M. le Vicomte DE CHARNACÉ, président

du Comice,

Les 6 Septembre 1868 et 5 Septembre 1869.

SABLÉ.

Imprimerie, Librairie et Reliure de VICTOR CHOISNET.

1869.

DISCOURS

PRONONCÉS

A la distribution des Prix du Concours agricole

DU

CANTON DE SABLÉ

Par M. le Vicomte DE CHARNACÉ, président

du Comice,

Les 6 Septembre 1868 et 5 Septembre 1869.

SABLÉ.

Imprimerie, Librairie et Reliure de VICTOR CHOISNET.

1869.

DISCOURS

PRONONCÉ

Par M. le Vicomte de CHARNACÉ, Président du Comice,
Le 6 Septembre 1868.

MESSIEURS,

Après chaque année de labeur, nous célébrons notre fête
de l'agriculture, et tous les ans nous constatons, avec un
légitime orgueil, des progrès plus accentués dans l'état de
notre agriculture et de l'élevage de nos animaux. Le Concours de cette année, malgré des chaleurs et une sécheresse
exceptionnelles, ne le cède en rien aux précédents.

La proclamation de nos succès devant une assemblée
d'élite, devant notre premier magistrat (1), toujours disposé
à honorer l'agriculture et ses ouvriers (il m'appartient plus
qu'à tout autre de le constater), devant notre représen-
tant (2), si dévoué à tous nos intérêts, et dont la main libé-
rale récompense aujourd'hui nos vieux serviteurs, est une
bonne fortune qui ajoute une haute valeur aux récompenses
que vous allez recevoir. Que ces Messieurs me permettent,
en leur adressant des paroles de bienvenue, de leur témoi-
gner ici toute votre gratitude. Je dois aussi, Messieurs du
Comice, exprimer votre reconnaissance envers la cité hos-
pitalière à qui nos fêtes empruntent leur brillant éclat; en
votre nom, j'en rends grâce à l'administration municipale
de notre chef-lieu de canton ; les honneurs que l'agriculture reçoit à Sablé ne contribuent pas moins que les sub-
ventions de l'État, du Département et de nos généreux sous-
cripteurs, au succès de notre Concours.

En présence d'une exposition splendide, que nous admi-
rons tous, ce ne sont plus des conseils que je dois donner
aux éleveurs, mais bien des louanges. Des exposants comme
MM. Bamas, Houdmond, Jouanneau, Lebannier et tant
d'autres, dont les animaux ornent si parfaitement le Concours, sont passés maîtres dans l'art d'élever ; qu'ils servent

(1) M. le Préfet, vicomte Malher.
(2) M. le marquis de Talhouët, député.

de point de mire au public agricole, et qu'ils trouvent, pour l'avantage de notre pays, grand nombre d'émules et d'imitateurs.

Le bétail, par les services qu'il rend à l'industrie, la nourriture généreuse qu'il livre à la consommation publique et l'engrais qu'il procure à nos terres est, vous le savez, la première condition du progrès agricole, mais ce n'est pas la seule; une bonne culture du sol où nous puisons journellement nos fourrages et d'où nous tirons notre blé, n'est pas moins nécessaire; une corrélation intime existe entre le sol et le bétail, l'amélioration de l'un entraîne le perfectionnement de l'autre; là où les plantes végètent mal, là où le terrain est acide et d'une composition imparfaite, les animaux souffrent et se développent mal, les maladies endémiques (1) qui sévissent d'une manière si fâcheuse sur certaines exploitations, proviennent évidemment d'un vice dans la constitution du sol. Changez sa nature par des amendements, les plantes retrouveront du même coup leurs qualités essentielles et les animaux la santé. J'appellerai donc votre attention sur les soins que nous devons donner à nos terres et sur l'importance du labour.

Les découvertes faites par les savants, sur le domaine de la science, aussi bien que les résultats de la pratique sur le sol que nous cultivons, établissent la valeur des labours profonds et des façons données à la terre; façons et labours plus nécessaires aujourd'hui (je le dis avec raison à l'appui) qu'au temps de nos pères.

Poussés par les besoins croissants des populations, nous demandons à nos champs des récoltes continuelles et sans interruption, comme autrefois, de jachères ou de vaines pâtures; avec ce changement forcé de système, pour ne pas les mener à un épuisement complet et inévitable, nous devons chercher dans la profondeur du sol les éléments de fertilité qu'un repos prolongé pendant des années, parvenait à reconstituer après chaque récolte, sous le travail lent et naturel des agents atmosphériques. Chaque plante demande à la terre des éléments minéraux qui lui sont propres (*Voir le Tableau*). Il faut donc lui restituer, sous peine de

(1) Pissement de sang, petit-train, etc.

100 parties de cendres des végétaux suivants, d'après plusieurs chimistes, contiennent :

	Potasse.	Soude.	Magnésie.	Chaux.	Acide phosphorique.	Acide sulfurique.	Silice.	Peroxide de fer.	Sel ordinaire.	Acide carbonique.	Totaux.
Froment	30	4	12	4	46	0,50	2	1	»	»	99,50
Orge	21	4	8	3	36	1	26	1	»	»	100
Seigle	26	8	12	4	46	1	2	1	»	»	100
Avoine	17	3	7	4	21	1	46	1	»	»	100
Pois	36	7	8	6	34	5	1	1	2	»	100
Foin des prés . . .	22	5	5	14	10	3	30	1,50	9	»	99,50
Pommes de terre.	55	2	5	2	12	13	4	1	6	»	100
Navets	37	7	3	11	10	12	3	1	6	10	100
Betteraves	31	12	3	4	4	3	5	1	25	12	100
Carottes	32	14	4	9	9	7	1	1	7	16	100
Lin	19	7	5	21	10	7	4	6	1	20	100
Paille de froment.	12	1	3	6	6,50	4	67	1	»	»	100
Ray-Grass	12	5	2	10	.6	2,50	60	0,80	1,80	»	100
Choux	12	20	6	21	13	1	1	20	6	»	100
Trèfle	30	2,60	3,50	43	7,90	5	4	1	3	»	100
Luzerne	14,20	6,50	3,70	50,80	13,70	4,20	3,10	0,30	3,50	»	100

l'appauvrir et de la rendre infertile, les éléments que les récoltes ont puisés dans son sein pour leur nourriture. Guidés par la lumière merveilleuse de la science, les chimistes ont analysé toutes les plantes que nous cultivons et nous ont fait connaître leurs différentes constitutions. Les unes prennent de la chaux comme la luzerne, d'autres, comme le froment, exigent, outre la chaux, du phosphore, du soufre, de la potasse; le ray-grass et les pailles de nos céréales se forment principalement avec la silice, autre substance minérale, ce qui explique les mauvais effets du ray-grass sur le froment qui le suit immédiatement.

C'est sur ces indications que la théorie des engrais chimiques repose. Je n'entreprendrai pas de vous l'exposer en ce moment, ni le temps, ni la circonstance ne le permettent. Il existe des traités utiles à consulter, que chacun de vous peut se procurer. Je me contenterai de vous dire que toutes les substances minérales que je viens de vous dénommer (connus sous le nom d'engrais chimiques), se trouvent toutes en plus ou moins grandes quantités dans la terre. Elles proviennent de la désagrégation du sous-sol, puisées incessamment par plusieurs ensemencements sur le peu de terre végétale qui compose toujours et invariablement le même sillon; elles finissent par y diminuer (la récolte est moins bonne), puis par y manquer tout-à-fait, la récolte devient nulle. Le trèfle plantureux, dans notre contrée, au moment de l'introduction de la chaux, ne donne plus généralement que des récoltes chétives. J'entends dire de tous côtés qu'il ne réussit plus... Eh bien, j'ai vu, et d'autres ont reconnu comme moi, qu'il reprend son ancienne vigueur quand, par un défoncement profond, on lui rend les éléments qu'il ne trouvait plus en suffisante quantité dans la terre appauvrie du sillon.

Mon expérience journalière m'a prouvé qu'il en était de même pour toutes les plantes culturales : ainsi, pour les pommes de terre, ainsi pour le froment, ainsi pour toutes les autres. Depuis quelques années, une charrue dite double-Brabant (1) s'est introduite dans le pays; demandez aux

(1) La charrue double-Brabant se trouve en dépôt chez MM. Gerbouin frères, à Sablé.

nombreux fermiers qui l'emploient, s'ils sont satisfaits de son travail et des effets qu'elle produit. Leur réponse sera telle, que je ne crains pas de vous engager à vous en servir, au moins à l'essayer. Si votre terrain est humide, mal égoutté, et ne comporte pas la culture à plat et au semoir, il vous sera toujours loisible de le remettre en sillon, vous aurez seulement l'attention de placer sur le défoncement une culture sarclée, choux, betteraves ou pommes de terre, avant de cultiver les céréales, plantes plus délicates, pour donner le temps au terrain de se mûrir aux rayons du soleil et de se raffermir. Sans remplacer le drainage, travail indispensable dans les terres humides, et qui doit précéder toutes les améliorations culturales. Le défoncement du sol assainit la couche arable, il la rajeunit, si je puis m'exprimer ainsi, et contribue, dans une proportion notable, à fournir aux plantes les engrais minéraux qui étaient insolubles ou que leurs racines ne pouvaient atteindre dans la profondeur d'un sol dur et impénétrable. Ces engrais chimiques sont tellement indispensables, que si un seul vient à manquer dans le sol, les autres y fussent-ils abondamment, son absence se traduit par une diminution sensible de récolte ; les expériences intéressantes de M. Ville, chimiste et professeur distingué au Muséum de Paris, nous en ont apporté les preuves les plus convaincantes ; si l'emploi du fumier nous donne les meilleurs résultats, c'est qu'il possède dans sa composition tous les éléments chimiques gazeux et minéraux, et qu'il forme à lui seul l'engrais le plus complet que nous puissions employer. Malheureusement pour nos fermes, il est trop rare et d'un prix trop élevé, c'est pour lui suppléer que nous demandons au commerce ses engrais factices. Plusieurs cultivateurs en ont essayé sans succès ; ce n'est pas étonnant. Le sol varie constamment dans sa constitution géologique. Cet engrais convient dans une localité et pas dans une autre ; s'il réussit chez votre voisin et pas chez vous, c'est que les exigences de la terre ne sont pas les mêmes. C'est avec prudence, par des essais, que vous pourrez arriver à trouver celui qui convient à votre exploitation.

Après nous être conformés aux besoins de notre sol,
l'avoir défoncé et engraissé copieusement, si nous n'arri-
vons pas à préserver nos récoltes des mauvaises chances
qu'elles peuvent rencontrer dans le cours de leur végéta-
tion. Nous sommes au moins certains qu'elles seront plus
fortes, plus capables de résister aux intempéries des saisons
et aux maladies atmosphériques; il en est une, je veux par-
ler de la foidre (carie), dont les effets ont été particulière-
ment funestes sur la dernière moisson. Tout le monde sait
qu'en préparant les semences au sulfate de soude ou au
sulfate de cuivre (1), on peut préserver la récolte de son
atteinte; le remède est simple et peu coûteux. Comment se
fait-il que tous les cultivateurs ne le pratiquent pas? Après
une année calamiteuse, n'est-ce pas un réel malheur de
voir une si belle récolte diminuée dans son rendement,
alors que nous avons tant de besoins à satisfaire; c'est une
leçon pénible. Puisse cette dernière expérience nous donner
plus de prévoyance à l'avenir. Sans doute, Dieu dispose
des produits de la terre. Mais, tout en mettant sa confiance
dans la Providence, le cultivateur ne doit négliger aucuns
soins et faire humainement tous ses efforts, pour augmenter
la production de ses récoltes. A cette condition, il trouvera
le succès dû au courage et au travail persévérant; et pour
employer les paroles d'un ancien ministre, M. Drouin de
L'Huis : « C'est alors qu'il méritera que Dieu guide sa
charrue et bénisse ses labours. »

----

(1) De 100 à 120 grammes par boisseau (double-décalitre) et par
litre d'eau.

DISCOURS

PRONONCÉ

Par M. le Vicomte de CHARNACÉ, Président du Comice,

Le 5 Septembre 1869.

MESSIEURS,

Comprenant l'importance du bétail dans nos exploitations, le Comice de Sablé, dont le but est de propager de
plus en plus le progrès agricole, n'a pas cessé, depuis son
institution, d'encourager, dans notre canton, l'élevage des
animaux domestiques, spécialement l'élevage et l'amélioration des bêtes bovines, comme la source principale d'où
jaillit le plus sûrement, la prospérité de notre agriculture
et la richesse du pays.

Pour tout éleveur industrieux, le point capital, après
avoir fait choix des meilleurs reproducteurs, est de procurer
à ses élèves une nourriture saine et copieuse. Ainsi enten-
due, l'éducation du bétail, par les ressources alimentaires
plus considérables qu'elle exige, entraîne forcément le perfectionnement de la culture des terres. Le croisement de
nos bêtes mancelles avec la race pure de Durham est tellement passé dans nos habitudes, qu'il n'est plus nécessaire
d'insister sur des avantages que nous apprécions tous, et
que la pratique a sanctionnés.

C'est beaucoup sans doute d'avoir, en quelques années,
amené nos animaux à une perfection de formes et à une
précocité aussi grandes que celles que présentent les sujets
de notre Concours, mais cela ne suffit pas, nos efforts doi-

vent tendre vers une amélaiortion d'autant plus precieuse qu'elle sera plus durable. Il faut que nous obtenions, dans un avenir plus ou moins prochain, une sous-race capable de se reproduire elle-même avec les qualités acquises par le mélange du sang étranger ; il faut que nous retrouvions, dans les produits de nos animaux (métis par métis), la constance, c'est-à-dire les mêmes perfections que celles obtenues par le croisement direct avec la race pure de Durham.

Si les produits de nos métis n'héritaient pas d'une manière fixe et certaine des qualités de leurs parents, on pourrait dire en admirant les plus beaux spécimens de nos Concours, les animaux les mieux réussis de nos étables, que leur beauté, sans valeur reproductive, est éphémère, et notre admiration équivaudrait à celle de l'homme de la fable s'extasiant devant un buste magnifique, jusqu'au moment où il s'aperçoit que c'est une tête sans cervelle.

Heureusement qu'il n'en est point ainsi ; l'expérience prouve que les métis, convenablement soignés et nourris, sont susceptibles de former une sous-race capable de se reproduire sans dégénérer. Dans l'éducation du bétail, la nourriture joue un rôle des plus importants ; on ne saurait trop le répéter. C'est par une alimentation copieuse et variée, ni trop sèche ni trop aqueuse, donnée sans interruption, en toute saison, que les jeunes animaux profitent. Il faut éviter les temps d'arrêt dans la croissance ; leur précocité est à cette condition.

Évitons surtout cette parcimonie intempestive, que quelques-uns pratiquent malheureusement, de sévrer les veaux avant 3 ou 4 mois.

Je rappellerai ici une remarque très-judicieuse de M. Baudement : « qu'il faut aux animaux une nourriture abondante pendant la jeunesse, surtout quand on les élève pour la boucherie ; car c'est à cette époque que se développent la poitrine et le tronc de l'animal, les membres se développant plus tard. Mais si l'animal a reçu une nourriture abondante, ses extrémités restent toujours courtes, peu développées, par rapport au tronc qui est toujours large et puissant. »

Le foin de nos prés étant tous les ans très-insuffisant, notre prévoyance doit approvisionner nos étables de fourrages-racines l'hiver, et de coupages l'été.

La tâche, je le reconnais, est souvent difficile, notre climat, avec ses rigueurs, détruisant parfois nos prévisions les mieux fondées. C'est au cultivateur à choisir les plantes les plus rustiques, celles qui conviennent le mieux à sa terre, pour lutter contre les intempéries : J'indiquerai ici le topinambour comme une des plus robustes, des moins exigeantes d'engrais, et dont la constitution brave la chaleur extrême et le froid.

S'il est bon d'avoir plusieurs cordes à son arc, il est également avantageux de cultiver dans la solle des fourrages de plusieurs plantes différentes. Si les choux ou betteraves manquent, vous avez les navets ; si les pommes de terre ne réussissent pas, les topinambours les remplacent. Le cultivateur y trouve aussi l'avantage de voir ses travaux mieux répartis entre toutes les saisons.

Mettant à profit, pour faire des fourrages, leur température modérée et toujours humide, les éleveurs anglais ont pu, à raison de leurs soins et du bon choix des reproducteurs, transformer toutes leurs bêtes bovines, et nous devancer dans l'art d'élever et de nourrir les animaux domestiques. En important chez nous la plus perfectionnée de leurs races bovines, nous devons, sous peine d'insuccès, leur emprunter leurs méthodes et continuer leurs soins, autant que faire se peut. Cette vérité a été depuis longtemps émise par un agriculteur célèbre qui a rendu d'éminents services à notre pays, par un agronome dont les conseils imposent la confiance ; M. de Dombale nous dit, dans son calendrier du cultivateur, publié vers 1820 : « que si, dans un canton, on veut améliorer la race du pays par des croisements avec une race supérieure de qualité, et par conséquent mieux nourrie dans le pays d'où on la tire, et qu'en même temps on laisse la race croisée assujétie au même régime que la race du pays, on obtiendra des produits qui ne tarderont pas à dégénérer. Ce sera pis encore si, sans rien changer au régime des bêtes du pays, on veut les remplacer par les produits purs d'une race originaire d'une contrée où la nourriture des animaux est plus abondante et substantielle. »

Ayant cessé d'employer les bœufs aux travaux de la terre, nous avons dû spécialement en faire des bêtes de boucherie, et, pour arriver plus promptement à nos fins, nous avons eu recours à la race de Durham, la plus perfectionnée de l'Angleterre.

Dès les premiers croisements, nous avons certainement mieux obtenu qu'en agissant pendant vingt ans, par sélection, sur la race du pays (1). Nos produits, après s'être approprié les qualités principales de la race améliorante, doivent maintenant les transmettre à leurs descendants et former une sous-race naturellement acclimatée, par conséquent plus robuste, moins susceptible aux maladies, surtout à la phthisie pulmonaire, mal auquel sont si sujettes les bêtes importées d'un climat humide sous un autre plus sec et plus chaud.

Nous n'avons pas la puissance de changer les saisons, mais Dieu nous a donné le pouvoir de modifier le bétail et les plantes, et de les améliorer l'un par l'autre.

En opérant sur les moutons, les Malingié, les Rieffel, les Pluchet et tant d'autres ont réussi à créer des sous-races, dont la constance est parfaitement établie. Suivons leur exemple, et nous trouverons comme eux le succès ; agissons sans relâche sur la nature de nos animaux par toutes les influences. La qualité de la nourriture est une de celles qu'il importe le plus de ne pas négliger. Le fourrage qui vient sur prairies acides et humides exerce une action nuisible sur leur constitution et leur santé. Commençons par drainer de pareils terrains, c'est la première des améliorations sans laquelle tous les amendements possibles manqueront leur effet. Le drainage a déjà produit des transformations prodigieuses dans notre canton. L'assainissement

(1) M. Mignot, professeur de zootechnie, formule ce principe savoir : que le régime, aidé du croisement, est un procédé d'amélioration du bétail, dont les résultats se font sentir plus rapidement que lorsque l'influence d'une race perfectionnée est entièrement mise de côté. *Journal de l'Agriculture pratique*, du 16 Septembre 1863.)

des champs et des prés a permis d'employer utilement les éléments calcaires, la chaux, les phosphates et tous les engrais pulvérulents.

Là où les céréales languissaient, on voit aujourd'hui de belles récoltes ; là où les fourrages étaient rares et de mauvaise nature, ils se trouvent aujourd'hui abondants et de qualité supérieure. Les animaux prospèrent et dévorent avidement une nourriture qu'ils rejetaient précédemment comme mauvaise et malsaine.

Des faits d'un si haut intérêt, au point de vue agricole, ne sauraient être trop publiés.

Cette remarque, en finissant, m'amène à formuler le vœu de voir se renouveler des conférences qui avaient été essayées par mon honorable prédécesseur. Les membres du Comice, réunis en grand nombre, se communiquant leurs essais et le résultat de leurs expériences, trouveraient un moyen puissant de vulgariser les bonnes méthodes et de pousser au développement progressif de l'agriculture dans notre canton, but patriotique où doivent aboutir nos efforts communs.

Sablé. — Typ. Victor Choisnet.